Larga a chupeta!

Jenny Rosén

Larga a chupeta!

Jenny Rosén

PANDA BOOKS

Este livro segue as normas do novo ACORDO ORTOGRÁFICO

Diretor editorial	*Marcelo Duarte*
Coordenadora editorial	*Tatiana Fulas*
Assistente editorial	*Vanessa Sayuri Sawada*
	Juliana Paula de Souza
Assistente de arte	*Alex Yamaki*
Projeto gráfico e diagramação	*iSee Comunicação*
Fotos	*iStock Photos*
Preparação	*Alessandra Miranda de Sá*
Revisão	*Carmen Costa*
Impressão	*RR Donnelley*

CIP – BRASIL. CATALOGAÇÃO NA FONTE
SINDICATO NACIONAL DOS EDITORES DE LIVROS, RJ

R126l

Rosén, Jenny, 1980-
Larga a chupeta! – 1.ed. – São Paulo: Panda Books, 2011. 88 pp.

ISBN: 978-85-7888-106-1

1. Hábitos orais. I. Título.

11-0643 CDD: 616.32
CDU: 616.32-008.1

2011

Um selo da Editora Original Ltda.
Rua Henrique Schaumann, 286, cj. 41
05413-010 – São Paulo – SP
Tel./ Fax: (11) 3088-8444
edoriginal@pandabooks.com.br
www.pandabooks.com.br
twitter.com/pandabooks
blog.pandabooks.com.br
Visite também nossa página no Facebook e no Orkut.

Para F.

Sumário

Introdução

Chupeta. Não há mãe ou pai que não tenha sentimentos contraditórios em relação a essa pequena peça plástica de bico emborrachado. Ela é a redentora em momentos críticos e também o primeiro vício de nossos filhos. Porém, sendo bem utilizada, ao invés de ser inimiga, a chupeta será uma grande aliada na rotina deles.

Leia cuidadosamente as informações deste livro e se prepare, tanto pais como filhos, para desvendar mitos e verdades da chupeta de uma vez por todas.

Nota da autora

Minha filha Lorena nunca gostou de chupeta. Não... não é bem a verdade. Ela adorava brincar com a chupeta, arremessá-la para todo canto e pisar nela também. A chupeta nunca a conquistou, porém para outros ela se tornou um vício. Hoje compartilho de toda a dificuldade de pais que fazem o possível e o impossível para separar os filhos desse pequeno bico. Após intensa convivência com mães e bebês (e respectivas chupetas, claro), e inúmeras horas de conversas com profissionais da saúde infantil, apresento aqui um manual instrutivo e divertido sobre o assunto. E, também, uma solução para quem já não sabe mais, literalmente, o que fazer com a chupeta.

Meu desejo é que as dicas presentes neste livro sejam úteis e eficientes na vida do leitor. E que contribuam para que a gente realize da melhor forma possível a tarefa mais importante da vida: estimular o crescimento saudável e feliz de nossos filhos.

Nunca houve criança
tão amável a ponto de
a própria mãe não ficar
satisfeita ao conseguir
fazê-la dormir.

Ralph Emerson, poeta e filósofo norte-americano

A chupeta é realmente necessária?

Um dos principais motivos de dar a chupeta a um bebê é acalmá-lo nos primeiros meses de vida. É exatamente nessa fase que a mãe (seja a de primeira viagem ou a que deu à luz o terceiro filho e tem outros dois para cuidar) está passando por um processo difícil de adaptação à nova realidade, e não deseja que a criança chore nem fique agitada. Nesses casos eventuais, a chupeta traz alento e tranquilidade para toda a família.

Prós – O lado positivo da chupeta

- A chupeta é a companheira do choro, dos momentos que antecedem o período de fome e até das brincadeiras. Para os bebês, o bico é um parceiro de todas as horas, e às vezes torna-se até um amigo.

- Quanto a benefícios isolados, a chupeta tem sua utilidade. Para bebês que apresentam dificuldade em sugar o alimento, a chupeta tem função terapêutica. O ideal é que seja ortodôntica, e o uso seja acompanhado de um profissional, como um especialista em motricidade oral ou odontopediatria.

- Se a mãe está amamentando normalmente, não há por que temer o acessório, desde que o uso seja controlado (ver "Chupeta X Amamentação"). O bom-senso alerta os pais de que a utilização deve ser restrita a casos especiais: momentos de dor, dificuldade do bebê em pegar no sono ou no caso de pequenos pacientes que sofreram intervenções médicas.

- Existem crianças que precisam da chupeta, principalmente em situações de tensão, como quando sentem as famosas cólicas de recém-nascido. Em tais ocasiões, o objeto funciona como um verdadeiro calmante. Ajuda em particular na hora de fazer o bebê dormir durante as crises.

- A chupeta funciona como um conforto emocional ao bebê, cujo desenvolvimento está focado na região oral. Age como um alento à criança, já que a mãe moderna não pode dar o peito durante 24 horas para suprir essa necessidade. Durante o ato de sugar, os batimentos cardíacos ficam mais regulares, o que significa menos agitação e mais tranquilidade para o bebê.

- Cada bebê é diferente na necessidade de sucção. Há crianças que requisitam o seio o tempo todo, mas não porque estejam com fome, e sim porque precisam do conforto de sugar alguma coisa. Nesses casos, a chupeta assume o papel de provedora desse desejo.

- Em situações em que o bebê tem de se familiarizar com um novo ambiente – por exemplo, na creche ou escolinha –, a chupeta funciona como auxiliar na fase de adaptação, agindo como uma lembrança do ambiente doméstico e dos pais. É importante lembrar que o uso da chupeta deve ser permitido apenas no período de adaptação.

- A chupeta está significativamente relacionada à diminuição da morte súbita do recém-nascido, síndrome que ocasiona a parada respiratória de bebês durante o sono. O uso da chupeta tem ação protetora, pois ajuda a manter o nariz e a boca do bebê longe das cobertas. Além disso, o ato de sugar melhora o controle das vias respiratórias superiores, evitando que a respiração simplesmente cesse durante o sono.

- Bebês que usam chupeta ganham mais atenção dos pais durante a noite, porque estes movimentam-se várias vezes até o quarto para recolocar o bico na boca da criança. Esse cuidado também tem relação com a prevenção da síndrome da morte súbita.

Outro benefício da chupeta é ajudar bebês prematuros a abandonar a alimentação por sonda. Caso estejam com dificuldade de pegar o bico da mamadeira ou o seio materno, a chupeta funciona como um treino para a futura sucção alimentar. Além disso, os prematuros que fazem a sucção não nutritiva (dedo ou chupeta) podem ficar mais alertas. Foram analisados diversos casos de bebês e sua relação com a chupeta, comprovando que a estimulação não nutritiva tem o poder de deixá-los mais ativos e, portanto, mais eficientes no momento da alimentação.

Contras – O lado negativo da chupeta

- O ato de sugar a chupeta estimula a produção de saliva e dá a sensação de que a barriga está cheia, podendo levar à diminuição do apetite do bebê.

- O uso excessivo e duradouro da chupeta prejudica a fala. Os músculos amolecidos da boca impedem que a criança desenvolva a força necessária para executar alguns sons e movimentos faciais imprescindíveis à correta pronúncia das palavras. Isso pode contribuir para o aparecimento de distorções que permanecerão até a idade adulta.

- O uso constante da chupeta impede os bebês de emitir sons característicos – etapa importante do processo de aprendizado da comunicação oral.

- A respiração é afetada pelo uso da chupeta, pois a criança é estimulada a respirar pela boca, o que pode provocar sono agitado, possíveis roncos noturnos, cansaço, desânimo e desatenção.

- Para pais que têm filhos acima de cinco anos que ainda usam chupeta, mesmo que só para dormir, um grave alerta: o uso prolongado (após a primeira infância) pode causar problemas no desenvolvimento dos dentes, causando modificações intensas no posicionamento da arcada dentária. Esse problema exige o uso de aparelhos ortodônticos, o que, além de incômodo para o filho, é extremamente custoso para os pais (ver "Chupeta e dentição").

- Bebês que usam bico apresentam mais infecções em geral. O uso da chupeta já foi estatisticamente associado a maior risco da presença de sintomas como vômitos, febre, diarreia e cólica, além de infecções de ouvido.

Chupeta X Amamentação

Entre os bebês que recusam terminantemente a chupeta, mais de 80% mama no peito ou mamou exclusivamente até os seis meses. O que pode ser explicado pelo fato de que, para sugar o leite materno, a criança despende um esforço muito maior do que para sugar a mamadeira e, dessa maneira, sacia o ímpeto de sucção, sem ser necessária a chupeta.

Análises comprovam que a chupeta não prejudica a amamentação, desde que sua introdução aconteça após trinta dias do nascimento do bebê. Depois desse período, a chupeta não interfere no aleitamento materno porque o vínculo entre mãe e bebê já está estabelecido e a técnica de sugar assimilada pelo recém-nascido.

Você sabia que a posição da língua na amamentação é diferente da posição usada quando o bebê suga a chupeta? Como sugar a chupeta é mais fácil, na hora da amamentação o bebê tende a colocar a língua na outra posição e poderá ter dificuldades em retirar o leite, rejeitando o peito. Além disso, se o bebê tem a chupeta à disposição, sugará menos, o que resultará em menor saída do leite. Conforme a mãe produz menos leite, maiores são as chances de o bebê ficar insatisfeito com o aleitamento materno.

O papel dos pais quando o assunto é chupeta

A palavra chupeta em inglês quer dizer *pacifier*, ou seja, pacificador, aquilo que tranquiliza ou acalma. E é justamente com esse propósito que a maioria dos pais começa a introduzir a chupeta no cotidiano dos bebês. Mas muitos usam-na para acalmar a si próprios, e não o pequeno. Tudo o que introduzimos para modificar o comportamento das crianças tem vantagens e desvantagens, sendo necessário conhecê-las antes de tomar a decisão sobre utilizar ou não.

- Todos os benefícios da chupeta podem ser igualmente obtidos com amamentação e carinho. A chupeta não é um item essencial para cuidar da saúde do bebê. Ela sacia a necessidade instintiva que todo bebê tem de sugar e, por meio da sucção, a criança faz associações com o colo materno, sentindo uma sensação agradável.

- Algumas mães acreditam que os bebês sentem-se entediados no carro, no ônibus ou em qualquer lugar onde as crianças fiquem estáticas. Desse modo, colocam a chupeta na boca do bebê sempre que saem, antes mesmo de o bebê reclamar. Em tais ocasiões, o ideal seria procurar alternativas de distração, como um brinquedo educativo ou um mordedor, ou mesmo posicionar a cadeirinha do bebê próximo a uma janela ou virada para a frente (se o bebê tiver idade superior a seis meses).

- Mães que se sentem confiantes em relação à amamentação e à criação dos filhos são menos afetadas pelo uso da chupeta, e contornam melhor as situações antes de entregar o bico ao bebê.

- Para as mamães que já caíram na tentação do uso da chupeta, ou para as que estão propensas a sucumbir, a sugestão é oferecer a chupeta somente em horários predeterminados, para que essa pretensa aliada não se transforme em vilã.

- Lembre-se de sempre utilizar a chupeta ortodôntica, que tem formato desenvolvido especialmente para não interferir na cavidade bucal.

- A chupeta não é um acessório decorativo do bebê, embora o bico, com diferentes marcas, formas, cores e desenhos, venha despertando atração irresistível no consumismo das futuras mamães.

- Não faça da chupeta algo excessivamente presente na vida de seu filho. Ela pode ser, sim, um auxílio, mas apenas para horas específicas do dia. Inspecione sempre algumas causas de desconforto (fome, frio, fralda suja, dor, saudade dos pais, carência afetiva) antes de partir para a chupeta.

- Quando começar a crescer e deparar com todas as coisas novas que existem ao redor, os bebês eventualmente solicitarão menos a chupeta. Não presuma que seu filho precise dela, e aproveite a fase para diminuir o uso. Não deixe o bebê com o bico todo o dia.

O que fazer para evitar a chupeta

Desde o início, certifique-se de que o bebê tenha bastante tempo no seio, a fim de satisfazer a necessidade de sucção. Não tire seu filho do peito após 10 ou 15 minutos predeterminados se ainda estiver sugando; permita que ele aproveite a hora para mamar o quanto quiser.

O início da relação bebê-chupeta

Estudos informam que os pais utilizam mais frequentemente a chupeta com o primeiro filho, e mais ainda se se tratar de um menino. Tal atitude não tem explicação científica confirmada, mas explica-se pelo fato de que os pais de primeira viagem têm excessiva sensibilidade em relação ao primeiro filho, e, em geral, meninos são mais inquietos e têm mais propensão a chorar nos primeiros meses de vida que as meninas.

O período em que o bebê permanece por mais tempo com a chupeta na boca é entre os dois e três meses de vida.

Como escolher a chupeta mais adequada

- A regra é que nenhum bico tenha dimensão superior a 3 centímetros, pois pode sufocar a criança. A superfície externa do bico deve ser lisa, sem falhas, fendas ou outros defeitos visíveis. A parte externa da chupeta não pode ser pequena, para que a criança não engula o objeto, e deve conter pelo menos dois furos para ventilação. Caso a criança coloque a chupeta inteira na boca, os furos permitem que o ar passe através deles, evitando a asfixia.

- Os pais devem observar a qualidade da chupeta, e isso inclui marca, recomendações na embalagem e indicações de uso. Devem constar na embalagem da chupeta os dizeres: "Esta chupeta está de acordo com a NBR 10334". Significa que a marca passou por todos os testes de qualidade.

- O melhor formato de chupeta é aquele que se assemelha ao bico do peito materno.

- Depois de cada uso, deve-se verificar se o bico está bem preso à base, para evitar acidentes, que são constantemente relatados por pais e em geral provocam grandes sustos.

- Os bicos ortodônticos são os mais indicados. A forma inclinada posiciona melhor a língua, e a base achatada evita um distanciamento maior dos lábios. Também dê preferência às chamadas chupetas simétricas, que não têm lado errado (superior ou inferior) e permitem o fechamento completo dos lábios.

- A argola pode ser um acessório prejudicial. Observe se seu filho a utiliza como alavanca, forçando a dentição. Neste caso, é recomendável substituir a chupeta por outra sem esse acessório.

- Verifique se o tamanho da chupeta é compatível com a idade do seu filho. Uma chupeta deve ter a ponta similar ao tamanho da boca do bebê. Verifique sempre a faixa etária indicada nas embalagens, que normalmente é de zero a seis meses (tamanho menor) e para bebês maiores de seis meses (tamanho maior).

- Conheça o material com que são feitas as chupetas e saiba suas especificidades. O material da argola é em particular importante quando os bebês começam a se colocar em pé. O material deverá ser flexível para não machucar a boca em caso de queda.

- Troque a chupeta se notar que ela está desgastada, esbranquiçada, furada ou grudenta.

- Chupetas luminosas são interessantes, pois, à noite, permitem ao bebê (ou aos pais) encontrá-las com mais facilidade no berço.

- Há chupetas com fechamento automático. Em caso de queda, elas se fecham e não se contaminam com a sujeira do chão.

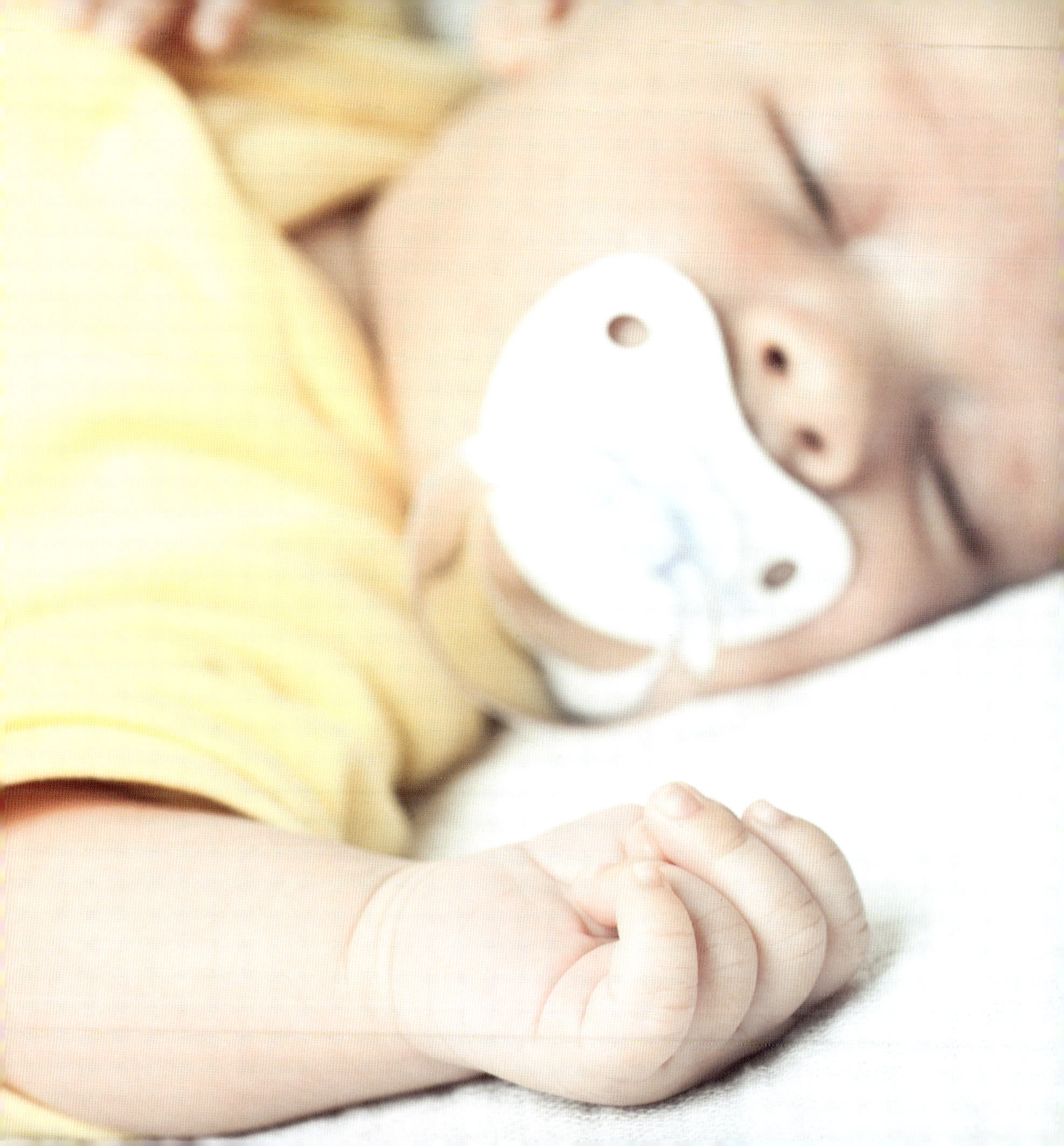

Chupetas de silicone ou de látex ?

- Para bebês pequenos, prefira chupetas de silicone, pois são menos porosas, duram mais e são mais resistentes às deformações quando esterilizadas. As de látex são mais macias e flexíveis, mas menos duradouras.

- Quando os dentes começam a nascer, deve-se dar prioridade às chupetas de látex, pois são mais resistentes às mordidas do que as de silicone. Lembre-se que o bebê pode mordê-la e fazer que se solte um pedaço de borracha, o que pode engasgá-lo. Evite correr riscos.

Fique ligado!

Atualmente existe no mercado um termômetro especialmente desenvolvido para crianças menores de três anos. É uma chupeta com sensor dentro do bico capaz de medir a temperatura da criança. É à prova d'água e funciona a pilha. O formato ajuda a medir a temperatura da criança com maior facilidade do que com os termômetros comuns.

Dicas para o uso correto da chupeta

- Não é recomendável colocar chupetas em bebês menores de um mês, pois o risco de aspiração (em caso de vômitos ou regurgitações) é maior no bebê que está com a chupeta na boca do que em outro que esteja sem o utensílio.

- Você controla a chupeta, não o bebê. Limite o uso ao estritamente necessário, como crises de cólica ou hora de dormir. Espere o pequeno precisar da chupeta, em vez de colocá-la na boca dele de modo automático. Não deixe que o uso da chupeta vire um hábito, em especial durante o dia. Não a deixe à disposição e em lugares onde a criança possa pegá-la sozinha.

- Ao adquirir uma chupeta, é recomendável lavá-la com água e sabão, enxaguá-la bem e esterilizá-la em água fervente por cinco minutos. Repita o procedimento de fervura sempre que for necessário, pelo menos nos três primeiros meses de vida do bebê, quando está mais suscetível a infecções. Lembre-se: se for guardá-las em caixinhas, esterilize as caixas também.

Fique ligado!

A chupeta tem prazo de validade de um mês, o que poucos pais sabem. Depois desse tempo, os materiais perdem as propriedades iniciais e podem trazer riscos à segurança do bebê. Para conservá-la durante esse período, use apenas sabão neutro nas lavagens e nunca esterilize a chupeta por mais de cinco minutos.

- Não tenha mais que duas ou três chupetas em casa, para que a criança não se acostume a um "mar" de chupetas por todo lado. Tenha sempre duas iguais ou semelhantes, pois dessa maneira poderá alterná-las caso uma estrague ou desapareça.

- Não coloque substâncias na chupeta. As crianças não devem associar sabores ao ato de sugar. Não devem ser administradas de forma alguma substâncias doces ou alcoólicas.

- A funchicória, erva em pó que, aliada às chupetas, é muito usada para acalmar os bebês, também é doce e pode causar cáries. Converse sempre com o pediatra antes de usá-la.

- Nunca prenda a chupeta com corrente, fita ou fralda, pois podem se enrolar no pescoço do seu filho e asfixiá-lo. A proximidade com a chupeta favorecerá a instalação do hábito, além de ser um costume anti-higiênico, pois deixa o bico exposto a inúmeros focos de sujeira e bactérias.

Cuidado redobrado

No caso de fraldas amarradas na argola, há ainda um agravante: elas pesam na ponta da chupeta, deixando-a posicionada incorretamente e forçando a arcada dentária.

- Quando a chupeta cai ao chão, não se deve limpá-la colocando-a na boca, pois é uma maneira de transmissão de infecções. Lave-a com água corrente ou limpe com um pano ou papel descartável se estiver na rua.

- Nada de frescuras excessivas. Se a chupeta cair dentro de casa ou em um local confiável, não há problemas em retorná-la direto ao bebê. Muitos pais se esquecem de que as mesmas bactérias que estão no piso estão também no ar.

- Não há motivo para se preocupar se seu filho resolver sugar a chupeta que estava na boca de outro bebê. O ideal é que cada um tenha a sua, mas, depois de certa idade, as crianças gostam de trocar objetos entre si e experimentar o que não é delas. E, além disso, os inevitáveis beijos e abraços também são uma forma de compartilhar ou transmitir bactérias. Tenha cuidado com sintomas de gripe e resfriados; nesses casos, não só a chupeta, mas também o contato entre as crianças deverá ser restringido.

Saúde: Perigos do uso excessivo

- Submeter as chupetas diariamente à fervura em água por cinco minutos ou mais é um procedimento controverso, devido à exposição excessiva dos materiais ao calor, que pode possibilitar desgaste precoce da chupeta. Esterilize sempre, mas troque as chupetas com frequência também (ver o quadro "Fique ligado!" em "Dicas para o uso correto da chupeta").

- Existem crianças alérgicas ao látex. Muitas vezes, bebês desenvolvem alergias que são aparentemente inexplicáveis, e depois os pais descobrem que estão relacionadas ao uso da chupeta. Preste atenção a qualquer sintoma inesperado no comportamento do bebê.

- A chupeta pode causar infecções nos ouvidos, pois existe uma relação comprovada entre o uso prolongado e otites médias. O uso da chupeta aumenta a propensão da migração de infecções para a trompa de Eustáquio (passagem oca que liga o ouvido médio à garganta), levando bactérias que normalmente existiriam apenas na boca aos canais auditivos.

- A chupeta deverá ser usada apenas até o bebê se acalmar ou adormecer. Quando isso acontece, em geral ele a solta, e ela não deve ser recolocada. Se a chupeta permanecer interposta entre os lábios, a criança pode perder a "memória" muscular de permanecer com a boca fechada, o que é fundamental para que respire corretamente pelo nariz.

- Com o amadurecimento da criança, a sucção passa a ser substituída pela mastigação e pela sorção (tomar líquidos no copo), que envolvem outros músculos e deverão ser estimuladas pelos pais.

Chupeta e dentição

- O uso incorreto da chupeta, associado ao padrão genético da criança, poderá produzir um ou mais problemas bucais e de oclusão (mordida), que podem ser: mordida aberta anterior (dentes de cima que não se encostam nos dentes de baixo); mordida cruzada posterior (a parte de cima fica "apertada", mal desenvolvida, e não encaixa na de baixo); e dentes de cima projetados para a frente e os de baixo, para trás.

- Estudos odontológicos demonstram que 24,4% das crianças que usam chupeta nos primeiros três anos de vida apresentam cáries, e apenas 10% das que não usam tiveram alguma cárie nesse mesmo período.

Como e quando tirar a chupeta?

Há um parâmetro que em geral assinala que é hora de cortar o bico: se a criança já retira ela mesma a chupeta da boca para se comunicar com você, é hora de acabar com o hábito. Crianças que já falam não devem mais usar chupeta. Veja o que pode ser feito nesta difícil fase.

- Quando sair de casa, explique à criança que a chupeta fica em casa. Mesmo que haja choro e escândalo das primeiras vezes, logo o bebê associará a saída de casa com a ausência da chupeta.

- Use-a apenas em momentos críticos do dia, como para dormir (e tire-a da boca da criança após ter adormecido) e quando a criança estiver doente ou se sentindo mal. Seja firme e avise: a chupeta não sai do berço.

- Estimule a criança para que seja ela própria a doar/ presentear/ jogar fora a chupeta.

- Identifique momentos propícios para a retirada. Durante um resfriado, por exemplo, é comum a criança rejeitar a chupeta, pois precisa respirar pela boca por causa do nariz entupido. Se isso acontecer, tire as chupetas de vista e espere. Quando seu filho pedir a chupeta, não dê imediatamente. Pode ser que ele largue o hábito.

- Se tiver um primo ou irmão mais novo, peça à criança que dê ao novo bebê da família a chupeta. Elas adoram se sentir emancipadas.

- É muito importante avisar a escola ou creche que a criança frequenta de que ela está em processo de abandono do hábito, para que os outros que convivem com a criança possam colaborar ativamente nessa etapa e incentivá-la.

A hora da separação

A Associação Brasileira de Odontopediatria e o Ministério da Saúde recomendam que a idade de três anos seja a época-limite para a eliminação do uso da chupeta. O adeus ao biquinho deve ocorrer nessa idade, que coincide com o fim da fase oral e da necessidade de sucção.

Espera-se que a partir de dois anos e meio até três anos a criança, que já está envolvida em atividades diversas, comece a se desligar naturalmente do hábito de chupar chupeta, porque tem outros interesses. O objeto passa a ter papel secundário na vida dela, e essa é a hora certa para desligá-la da chupeta. Muitas dessas transições acontecem, inclusive, sem trauma algum, apenas porque a criança "se esqueceu" do bico.

É muito importante que a retirada da chupeta não coincida com outros momentos marcantes (e até difíceis) na vida do bebê, por exemplo, a chegada de um irmão, mudança de casa ou início da vida escolar.

Use a imaginação – No mundo dos bichos

Uma alternativa é levar a criança ao zoológico ou fazendinha e dizer que o filhote de girafa ou o bezerrinho agora nasceram e precisam da chupeta.

- Se seu filho não dá sinal algum de que deixará a chupeta de lado, o primeiro passo é haver um consenso entre pais, família e escola de que aquela é a hora certa para abandonar o hábito. Pai e mãe devem estar totalmente de acordo, pois a criança percebe quando a mãe está vacilante ou há discordância entre o casal, deixando-lhe evidente que pode achar brechas nas decisões dos pais.

- Crianças pequenas são mais facilmente distraídas e até "compradas". Portanto, a troca por outra coisa que a criança deseje muito pode funcionar.

- Não perca tempo explicando a crianças de até três anos os problemas da chupeta. Nessa idade, os efeitos de causa e consequência não são bem compreendidos. Se se tratar de uma criança maior, explique que ela não estará perdendo algo, e sim crescendo, e que largar o hábito de usar chupeta é apenas um dos passos na sua evolução. Ajuda dizer à criança que ela já é maior, capaz de fazer coisas (como dormir em cama e não em berço, andar de bicicleta, ir à escola) que já não combinam mais com atitudes de bebê, como usar chupeta.

- Sempre que a criança pedir a chupeta, distraia-a falando de outra coisa ou oferecendo um brinquedo.

- Se a criança usa chupeta o dia inteiro, vá diminuindo aos poucos os períodos em que o uso é permitido.

- Se for premiar a criança por não usar a chupeta, prefira brincadeiras, passeios, privilégios, adesivos ou presentinhos simples – não dê doces ou alimentos no lugar da chupeta.

- Invista na rotina da hora de dormir: anuncie uma mudança positiva (uma boneca nova, troca de berço para cama, ouvir música ou contar histórias de um livro) e explique que nessa rotina não há espaço para a chupeta. O entusiasmo com a novidade sempre ajuda.

- Converse com outros pais para saber que estratégias eles usaram. Sempre é possível descobrir dicas e ideias que a gente nem imaginava.

Use a imaginação – No mundo das fadas

Adote medidas positivas, como chamar a "fada da chupeta" para que, em uma visita misteriosa, ela leve o objeto embora e deixe um presente como substituto.

- Um bom truque é furar a ponta da chupeta para que a sensação do bebê ao sugar mude. Essa estranheza provoca o início do processo de rejeição ao bico. Pode-se dizer também que a chupeta “quebrou” quando a criança reclamar que o bico não está mais tão gostoso quanto antes.

- Cuidado para não fazer trocas das quais possa se arrepender no futuro. Por exemplo, alguns pais combinam que o filho pode dormir na cama deles se não usar a chupeta. Meses depois, você não tem mais a chupeta, e sim uma criança acampada na cama todas as noites.

Acabou a imaginação – Medida radical

Pode dar pena da criança, mas, em casos extremos, isto é, após várias tentativas frustradas, adicionar alguma substância natural e amarga (que não cause dor, apenas gosto ruim) à chupeta funciona. É uma tática radical, mas que dá resultado quase sem margem de erro.

Tirando a chupeta – O que nunca deve ser feito

- Devemos deixar de lado os métodos drásticos, como tirar a chupeta de repente, colocar na chupeta substâncias artificiais que causem incômodo, como molho de pimenta ou mostarda (provocam dor e queimação na boca), assustar a criança, castigá-la ou ameaçá-la. Isso porque o hábito assim eliminado pode ser substituído por outras manias inadequadas, como fazer xixi na cama ou roer as unhas.

- Está provado que dizer à criança que ela precisa parar de usar a chupeta é como reafirmar o hábito. Isso porque nessa fase, de dois a três anos, a criança está desenvolvendo sua personalidade, o que inclui determinar e defender de modo persistente as próprias vontades.

- Um passo intermediário pode ser propor a seu filho que coloque a chupeta em determinado lugar e que só a peça quando for realmente necessária (e aí você a entrega a ele, claro, para que não se sinta enganado). Se responder ao combinado, pode-se premiá-lo com doses de carinho e elogios. É importante felicitar uma criança pelos feitos que alcançou.

- Não têm serventia alguma os comentários que depreciam a chupeta ou, ainda, dizer algo como "Oba, aquela coisa horrível foi embora", porque, para a criança, a chupeta era um objeto muito estimado.

A chupeta foi embora, mas a mamadeira continua

- A chupeta representa um prolongamento do bem-estar que o bebê sente enquanto mama. Ela tem efeito relaxante e alivia a excitação, em particular antes de dormir. Quando se retira a chupeta, muitos bebês passam a concentrar todas as sensações no bico da mamadeira, o que é perfeitamente aceitável nesse período de transição – mas que já deve ser considerado como uma introdução para o abandono definitivo da mamadeira também.

- Para tirar a chupeta com mais facilidade, o ideal é que não seja retirada a mamadeira no mesmo período, pois a criança pode se sentir abandonada e desvinculada de tudo aquilo que considera sua realidade.

- O processo de tirar o bico, tanto da mamadeira quanto da chupeta, deve ser gradativo. Antes de retirar a mamadeira é necessário que o bebê saiba beber no copo e que goste dele. O melhor é acostumá-lo desde cedo a tomar líquidos em copos com bicos, o que ajuda até mesmo a melhorar o desenvolvimento da coordenação das mãos. Em vez de oferecer todas as bebidas sempre na mamadeira, alterne de forma que os sucos sejam no copo e o leite, na mamadeira.

Quando a chupeta é substituída

O dedo é realmente pior que a chupeta? Se por um lado é normal o bebê chupar o dedo desde que estava na barriga da mãe, por outro a chupeta é um hábito que é obrigatoriamente incutido pelos pais. Ou seja, acostume-se com esta ideia: se seu filho chupa o dedo, é porque ele quis. Se usa chupeta, é porque você lhe proporcionou esse hábito.

Pode ocorrer de a criança adquirir o hábito de chupar o dedo ao largar a chupeta. Mas ele provavelmente será apenas uma válvula de escape devido à tristeza ou carência momentâneas, ou até mesmo uma provocação aos pais, porque a retirada da chupeta não foi muito eficiente. Mas fique tranquilo: só em raríssimos casos isso se transforma em um novo vício.

A chupeta pode-se jogar fora em casos extremos, porém não há como cortar o dedo. É uma verdade, mas os especialistas dizem que é quase impossível evitar que algumas crianças o chupem, pois, por mais esforços que os pais realizem, e por mais precauções que tomem, a última palavra será sempre do pequeno nessa questão, uma vez que se trata do corpo dele. E este, ao contrário da chupeta, é um hábito que tende a desaparecer sozinho, sem exigir grandes esforços dos pais.

Paninhos, cobertores e pelúcias

- Dificilmente uma criança que largou espontaneamente, ou ao menos não de modo traumático, a chupeta vai se apegar ao ato de sugar outro objeto. Mas pode acontecer de a retirada gerar um estresse tão intenso, que a criança precise direcionar os impulsos a um paninho, cobertor ou bichinho de pelúcia, o que em geral ocorre na hora de dormir. Mas tal atitude não deve ser motivo de preocupação excessiva, uma vez que se trata de objetos não tão interessantes quanto a chupeta e que, mais dia, menos dia, serão deixados de lado.

- Para crianças maiores de seis anos, o hábito de chupar o dedo ou a chupeta não deve ser tolerado. O ato ocorre em crianças mais velhas quando estão cansadas e entediadas, e não porque de fato precisem dele. Após reprimir o gesto, dê-lhe um reforço positivo na forma de abraço e inicie uma atividade que distraia o pequeno.

Depoimentos

Sempre li que a chupeta não era boa nem necessária para as crianças. Além disso, tinha o problema de confundir com o peito e atrapalhar a amamentação. Apesar disso, ganhei de presente durante a gravidez mais de dez chupetas. Dei algumas e mantive umas três na gaveta. Com três meses, o Pedro começou a chupar o dedo. Tentei impedir que mantivesse o hábito, distraindo-o quando ele começava a chupar. Depois de uns dez dias tentando, acabei desistindo porque a gente começou a perceber que ele chupava de madrugada, quando acordava e queria voltar a dormir. Não acordava quando isso acontecia, então não conseguia distraí-lo. Então comecei a ler muito e a maior parte das referências dizia que a chupeta era melhor, porque poderia ser "tirada". Resolvi tentar. O Pedro cuspia a chupeta sem parar. Essa rejeição dava-me um misto de felicidade e resignação por dentro. Acabei me convencendo de que o dedo era algo natural, que ele tinha adquirido esse hábito e eu não podia fazer muito a respeito. O Pedro só chupava o dedo pra dormir, e passou a associar isso a uma camisola minha. Ou seja, chupava o dedo associado ao pano. Tira o pano, tira o dedo. Sempre os dois juntos. Assim, o lado "ruim" de não poder tirar o dedo não existia mais. Era só restringir o uso, e foi o que fiz.

Yara,
mãe do Pedro, três anos

Aqui em casa a retirada foi há três semanas. A Júlia tem três anos e meio. Foi até que fácil; achei que seria muito mais difícil. Usei um pouco o lado psicológico, falando que era feio, que ela estava uma moça, que agora não dormia mais no berço, não usava mais mamadeira, que isso era coisa de neném. Então, numa sexta-feira, ela resolveu jogar a chupeta na lata do lixo. Foi lá sozinha e jogou. Coloquei o lixo na lixeira do prédio, e ela fez que tudo bem. Mas claro que eu tinha uma de reserva. Quando chegou a noite, não pediu a chupeta para dormir. Se fez de durona, mas demorou para adormecer. No outro dia, pediu ao pai dela. Falou que precisava do "pepê", que ainda era o neném do papai. Ele quase teve um treco de tanta dó, mas eu fui firme. A Júlia chegou a procurar no lixo, mas confirmei que ela havia jogado a chupeta. E assim foram passando os dias, e já se foram três semanas. A cada dia que ela dorme sem a chupeta, comemoro, como os alcoólatras em tratamento, mais um dia!

Marina Rodrigues,
mãe da Júlia, três anos e meio

Aqui o negócio foi feio, porque ele só tinha uma única e bendita chupeta; nunca aceitou outra porque a chupeta veio dos Estados Unidos e aqui no Brasil não encontrei o bico igual. Ele foi ficando só com uma, pois achei o cúmulo comprar chupeta pela internet. Meu filho se apegou muito àquele objeto. Era tipo amiga dele, conversava e tudo. Não era a necessidade de chupar em si, mas a felicidade de ela estar por perto. Se estivesse por ali, ele ficava feliz. Se por um descuido a esquecesse em algum lugar, era o fim. Comecei a ficar preocupada com essa dependência da chupeta e, num belo dia, ele fez uma troca: um chocalho pela chupeta. Já o estava preparando para abandonar o hábito, tinha conversado, só estava esperando uma oportunidade. Quando surgiu, não perdi tempo. Mas como me arrependi naquele momento! Para dormir era um custo; não se podia falar "vamos dormir" que ele se lembrava da bendita. Aí tinha de deitar com ele, conversar sobre outras coisas e ficar ali pelo menos uns 45 minutos até o sono chegar sem ele perceber. Mas agora, em retrospectiva, fico feliz de que tenha sido feito. Com empenho e dedicação, qualquer mãe pode fazer o filho deixar a chupeta.

Rafaela Guergoleto,
mãe do Davi, cinco anos

Aqui em casa decidimos tirar as chupetas quando os bebês completaram três anos. Então, na semana do aniversário, conversamos com eles dizendo que já estavam grandes e que não precisavam mais de chupetas; que, se concordassem em dar a chupeta para o bebezinho (estou grávida), ganhariam um belo presente de aniversário. Eles aceitaram na hora e escolheram o que queriam ganhar. No outro dia, eu e meu marido compramos os presentes e, quando os bebês chegaram da escola, fizemos a troca (até guardei as chupetas). Na hora de dormir, foram numa boa. Quando o Kenzo pediu a chupeta, falei: Você não trocou a chupeta pelo seu presente? Ele respondeu que sim, e que não queria mais a chupeta, pois gostara muito do presente. A Kaori não pediu, mas toda hora que ia colocar ela na cama, perguntava se o bebezinho tinha gostado da chupeta dela! Fiquei bem feliz, pois eles não choraram. Pareciam estar bem conscientes da troca. E isso já vai fazer um mês.

Kami,
mãe dos gêmeos Kenzo e Kaori, de três anos,
e grávida de seis meses

Chupetas: uni a criatividade e as férias na praia para tirá-las dos meus filhos, quando tinham dois e quatro anos. Após contar uma bela e sugestiva história de tesouros e piratas, sugeri que enterrássemos as chupetas na areia, para ver em que tesouros elas se transformariam. Devo lembrar que é importante ter a colaboração das crianças, e que desejem muito aquilo que está sendo trocado pela tão amada chupeta. No dia seguinte foi uma euforia geral à beira-mar, quando os meninos descobriram que as chupetas tinham se transformado não só em duas lindas fantasias de pirata, como também em um baú-caixa de sapatos repleto de moedas de chocolate!

Deli,
mãe do Christian, de oito anos, e do Allan, de dez.

Como professora, posso dizer que tenho grande papel na retirada das chupetas de meus alunos, afinal a escola é o prolongamento da casa. Normalmente é dos pais a iniciativa da retirada, mas, se percebo que algum aluno já passou de dois, dois anos e meio, e ainda a está usando, começo a restringir e orientar, tanto a criança quanto os pais, para a retirada. Por exemplo, neste ano, em minha turma, há um aluno de três anos que ainda vem de chupeta para a escola. No entanto, ao chegar, pendura-a no porta-crachás (sugestão minha) e ali ela permanece por toda a aula. Ele nem se lembra da chupeta e, em duas ou três ocasiões, já se esqueceu dela ao ir embora. Acredito que, com a colaboração dos pais em casa, em pouco tempo essa criança simplesmente se esquecerá do hábito.

Carmen Souza,
professora de maternal

O Vi usou chupeta e, pouco antes dos três anos, conversamos sobre o assunto. O Vi jogou as chupetas em um saco de lixo. Não chorou nem a pedia mais, porém começou a chupar os cantos de um cobertorzinho amarelo. Dei fim ao cobertor, aí passou a chupar a antena de um boneco Teletubbie que ele tinha. Cortei a antena e até hoje me lembro da cena dele chorando sentido ao ver o boneco daquele jeito (o Teletubbie existe até hoje e está intacto porque ele nunca mais quis saber dele). Depois passou a chupar pontas de fronhas e lençóis. Só após ficar com uma virose, ou algo do gênero, e eu ter culpado os panos que ele chupava é que parou de vez.

Ellen Correa,
mãe do Vi e do Dudu

Até dois anos atrás, diria que era contra a chupeta. Mas a chegada do João Gabriel mudou tudo: teoria e prática. Tinha muita resistência à chupeta; como profissional médica, sabia que não era indicado. Mas, quando o João tinha dez meses, só dormia se fosse mamando no peito. Nem era fome. Só dengo. Aí providenciei logo uma chupetinha. Minha mãe, que fica com ele quando dou plantão no hospital, adorou a ideia. Eu não me arrependo de jeito nenhum. Nem contraindico mais os bicos de plástico no consultório. Hoje, acho que usar ou deixar de usar é uma opção de cada família. O importante é saber que qualquer uma das decisões exige cuidados e bom-senso por parte dos pais, por exemplo, não dar a chupeta quando a criança é muito pequena, para que não interfira na amamentação.

Patrícia,
mãe do João Gabriel, um ano e meio

Juju não só usava chupeta como tinha uma coleção delas! De todas as cores, personagens e formas imagináveis. Somavam, no mínimo, umas 15. O que poderia dificultar ainda mais na hora da retirada acabou sendo um grande auxílio na nossa "brincadeira". Peguei um pote de geleia vazio, que transformamos na "máquina de mágica". Toda noite, a Juju escolhia uma e colocava no pote. Na manhã seguinte, tinha virado balinha. Um dia, como ela colocou uma chupeta de que gostava muito, e não usou outra para dormir, havia virado um fantoche de dedo. Ou seja, se ela deixasse a chupeta e não dormisse com outra, a "máquina" fazia uma mágica ainda melhor! Ela hesitou por duas ou três noites, mas, na maioria dos dias, acabava dormindo sem. Duas semanas depois, estávamos sem chupeta, e Juju feliz com a sua boneca, resultado da transformação da última e querida chupeta rosa. Na única vez em que se queixou sobre o assunto, colocamos uma chupeta de uma boneca na "máquina" e esta virou um pirulito! Foi ótimo, e faz quase um ano que já não se fala mais no assunto.

Fernanda,
mãe da Julia Catarina, quatro anos

Nós decidimos tirar a chupeta porque nosso filho já a usava por quase três anos, e estava prejudicando a fala. Detalhe: o Arthur tem autismo, por isso é muito mais difícil ele entender que não pode mais usar chupeta. Comecei escondendo, mas, quando ele estava muito nervoso, eu dava, sempre falando que já estava "homenzinho" e que não podia mais. Presumia que o Arthur não entendia nada, então brincava muito com ele para que não tivesse tempo de se lembrar da chupeta. Levava-o à rua sempre, comprava um brinquedo bem baratinho, de R$ 1,99 para que, quando se lembrasse da chupeta, eu pudesse oferecer o brinquedinho para distrair a atenção. Consegui tirar em dez dias. Só dava à noite para dormir. Aí comecei a tirar à noite também. Fiquei uns três dias sem dormir. Ele, agitado, chorava muito, e eu falava: "Não vou dar, filho, você já é homenzinho". Ele me testou bastante para ver se eu cedia. Até os vizinhos vieram me perguntar se estava tudo bem. Em um mês, consegui totalmente! Semana passada o Arthur operou as amígdalas. A médica disse que ele não podia chorar e achou melhor introduzir a chupeta se meu filho ficasse muito agitado. De fato, precisei dar a chupeta. Fiz isso em um momento de nervosismo, depois tirei, e ele não pediu mais. Hoje o Arthur achou uma perdida pela casa, e eu deixei. Mas, quando dei o suco, peguei a chupeta de volta e escondi, e ele não pediu mais também. Acho que a dependência inicial já foi embora.

Eliane,
mãe do Arthur, três anos

Fácil e tranquila. Assim foi o fim da convivência da minha filha com a chupeta. Como era um objeto pelo qual tinha verdadeira adoração, e era totalmente dependente da sensação de calma que o sugar lhe proporcionava, eu sabia, como psicanalista, que só acabando com a fonte desse bem-estar ela abdicaria do uso. Era literalmente cortar o mal pela raiz. Maria Augusta tinha quase três anos quando perfurei, de modo discreto, todas as chupetas, um furinho de cada lado, próximo à base. Nos dias seguintes, ela pegou as chupetas, chupava, mas não se sentia mais tão relaxada. O engraçado foi que não reclamou. Um dia, no carro, indo para a praia, tirou a chupeta da boca e deixou cair no chão. Passou o resto da viagem sem a chupeta. Alguns dias depois, na hora de dormir, ficou com a chupeta enquanto líamos a historinha. Na hora de apagar a luz e dormir, tirou a chupeta e me deu. Pronto. Nesse dia, soube que havia acabado!

Renata Figueiredo,
mãe da Maria Augusta, seis anos

A autora

Jenny Rosén é arquiteta por formação e escritora por paixão. É mãe da Lorena e também autora do livro *50 maneiras de criar um bebê sem frescura* (Panda Books). Atualmente trabalha com incentivo à leitura para menores carentes e se dedica a escrever sobre o mundo das crianças. Para saber mais acesse <escreverpraque.wordpress.com>.